나는 커서 행복한 사람이 될 거야

아이들의 긍정성과 자존감을 높여주는

여섯 가지 이야기

안나 모라토 가르시아 지음
에바 라미 그림
김유경 옮김

천문장

DE MAYOR QUIERO SER FELIZ
by Anna Morató with illustrations by Eva Rami
Copyright ⓒ 2017, Anna Morató
ⓒ 2017, Eva Rami, for the illustrations
All Rights Reserved.
First edition published in Spanish by Penguin Random House Grupo Editorial, S.A.U., Spain.
Korean translation rights arranged with Penguin Random House Grupo Editorial, S.A.U., Spain
and Cheon-moon-jang, Korea through PLS Agency, Korea.
Korean translation edition ⓒ 2019 by Cheon-moon-jang, Korea.

이 책의 한국어판 저작권은 PLS를 통한 저작권자와의 독점 계약으로 천문장에 있습니다.
신저작권법에 의해 한국어판의 저작권 보호를 받는 서적이므로 무단 전재와 복제를 금합니다.

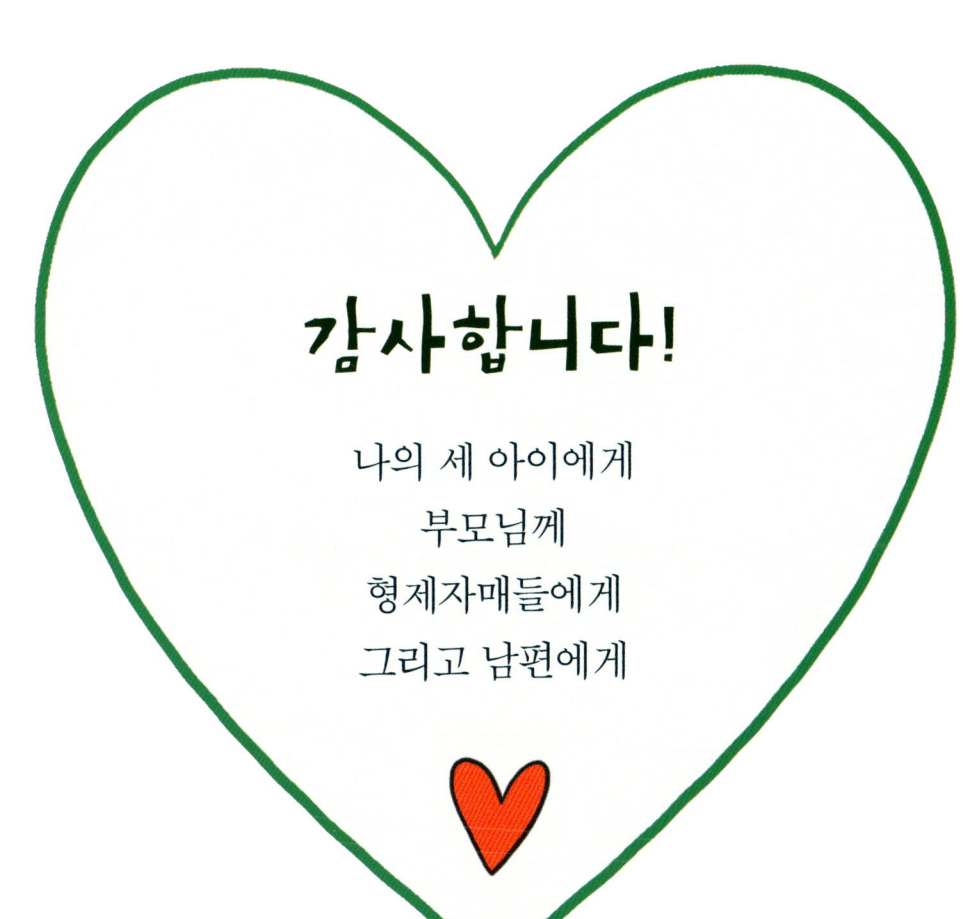

프롤로그

만일 우리 아이들에게

커서 뭐가 되고 싶니?

라고 물어본다면,

분명 이렇게 대답할 것이다.

우주 비행사, 경찰, 발레리나,
소방관, 축구선수, 의사….

하지만

그것뿐만 아니라 이런 대답이 나오길 바라야 한다.

행복한 사람.

과연 우리의 아들딸이 지금, 그리고 커서 행복해지길 바라지 않는 부모가 있을까?

그러나 먼저 우리는 스스로에게 질문해 봐야 한다.

행복하다는 건 정확히 무슨 뜻일까?

행복이란

이런 것이 아니다
- 최고의 배우자 만나기
- 최고의 직업 갖기
- 최고로 돈 많이 벌기

이런 것이다
1. 자기가 가진 것에 **만족하기**
2. **더 나아지고 성장하기** 위해서 목표를 세우고 자신을 믿어 주기
3. 문제와 어려움이 생길 때, 긍정적이고 자신감 있게 맞서기
4. 분노를 참을 줄 알기
5. 자신을 좋게 느끼기 (높은 자존감)
6. 삶에 대한 긍정적인 태도 갖기

행복은

일이 원하는 대로 되면 만족하고,

원하는 대로 안 되면 만족하지 않는 게 **아니다**.

행복이란

우리에게 어떤 일이 벌어졌을 때

우리가 **어떻게 반응할지 선택하기**에 달려있다.

 행복은 **목적지가 아니다**.

(원하는 직장을 얻으면 행복해질 거야, 더 날씬해지면 행복할 거야, 무엇무엇을 얻으면 행복해질 거야, 등등이 아니다)

 행복이란 우리 삶의 **길**을 만들어가는 과정이다.

행복이란 자기 **결정이자 선택**이다.

행복이란 일상의 수많은 **결정이 쌓인 결과**이다.

행복이란 그 길을 만드는 **태도**이다.

행복이란 긍정적인 생각과 습관들을 갖고 그 길을 만드는 것이다.

그렇다면 긍정적인 사람은

타고날까, 아니면 **만들어질까?**

우리가 살면서
읽기 쓰기 더하기 빼기 같은
수많은 것들을 끊임없이 배우는 것처럼,

**행복해지는 법을
배울 수 있고, 배워야 한다.**

우리가 어쩌다가 길에서 돌에 걸려 넘어지면,
더는 앞으로 나갈 수 없다고 슬퍼하는 대신,
그것을 옆으로 치우거나 밟고 넘어가거나,
더 나아가 그것을 없애는 방법까지 배워야 한다.

문제를 만날 때 우리는 두 가지 다른 **태도**를 선택할 수 있다.
다음 중 하나로 **결정**할 것이다.

1. 나의 불행을 한탄하고 다른 사람 탓하기.
2. 어려운 문제에 직접 맞서기.

첫 번째 결정은 훨씬 내리기 쉽지만, 그것으로 행복해질 수는 없다.
왜냐하면, 우리를 계속 피해자가 되게 만들기 때문이다.

반대로, 두 번째는 선택하기 더 어렵지만, 해결책과 대안,
또는 도움을 찾을 수 있는 유일한 방법이다.
어려운 문제에 직접 부딪히는 것은 스스로 문제를 해결하는 능력을 키우고
삶의 주도권을 쥐는 방법이다.

아이들은 행복이 **자신의 손**에 달려 있음을 이해해야 한다.
왜냐하면, 다양한 상황 앞에서 대응하거나 반응하는 방법은
결국 **자신의 결정**이기 때문이다.

모든 일이 잘될 때 만족하면 어떤 노력도 보상도 따르지 않지만,
해결책을 찾기 위해 문제에 직면하는 법을 배우면,
원하는 것들을 얻을 수 있다.

**문제에 직면하는 법을 선택하는 습관은
아주 어렸을 때부터 키워줄 수 있다.**

우리는 아이들에게 매일 아침 어떤 마음가짐으로 일어나서
어떻게 하루를 시작할지 스스로 결정할 수
있다는 사실을 가르칠 수 있다.

과연 어떻게 가르쳐 줄 수 있을까?

먼저 부모가 본보기가 되어야 한다!
아이들은 우리 모습을 그대로
따라 하기 때문이다.

아이들이 좋아하는 도구를 이용할 수도 있다.
바로, **이야기**를 들려주는 것이다.

이 책에는 행복한 사람이 되기 위해 알고 있어야 할
여섯 가지 중요한 개념을 담은

여섯 편의 짧은 이야기가 들어있다.

아주 어렸을 때부터
행복해지는 법을
배울 수 있게 도와줄
이야기들이다.

6가지 이야기 · 6가지 개념

1. 투명 가방
   긍정적인 말에 관한 이야기 17

2. 하늘만큼 땅만큼
   자기 사랑에 관한 이야기 37

3. 요술 신발
   공감에 관한 이야기 55

4. 행운의 요정
   감사에 관한 이야기 71

5. 햇빛
   자신감에 관한 이야기 85

6. 빨간색 공
   분노에 관한 이야기 99

이 이야기는 나의 세 아이들을 위해 쓴 것이다.

나는 주로 이런 방법으로 아이들에게 삶의 중요한 가치를 설명해 주었다. 물론 이 가치들은 나의 부모님이 내게 심어 주신 삶의 비결이기도 하다. 이런 가치들이 일상생활에서 정말 중요하다는 것을 아이들에게 알려 주고 싶었다. 나는 생생한 시각적 비유를 활용하여 좀 더 재미있는 이야기로 만들기 위해 고민했다. 그 고민의 결과가 이 이야기들이다.

아무쪼록 부모님들이 이 책을 자녀들과 함께 읽으면서 즐겁고 행복한 시간이 되길 바란다. 아이와 부모의 삶에 작은 도움이라도 되었으면 좋겠다.

행복한 사람이 되기 위한
여섯 가지 짧은 이야기

1. 긍정적인 말

전달할 개념

긍정적인 말: 말의 힘을 제대로 이해하게 한다. 말은, 어떤 경우 따귀를 때리는 것보다 더 많은 상처를 줄 수 있다. 그리고 우리가 긍정적 언어를 사용하는 만큼 다른 사람들이 우리에게 긍정적 언어를 사용하는 것도 매우 중요하다.

역량 늘리기: 자신의 능력과 행동에 대한 자신감을 키우고, 좋은 변화를 일으키기 위해 힘과 능력을 늘려가는 과정이다. 우리는 아이들이 **자기 기분을 결정할 주체**임을 깨닫게 해야 한다. 행복은 우리에게 벌어지는 일에 따라 **주어지는 게 아니다.** 일이 원하는 대로 되면 행복하고, 아니면 불행한 게 아니다. 오히려 우리에게 벌어지는 일들 앞에서 어떤 **태도와 반응을 선택하는가**에 달려 있다. 따라서 자녀들에게 긍정적인 언어 사용의 중요성을 강조해야 한다. 그리고 누군가 자녀들을 향해 부정적인 말을 할 때, 그것을 가만히 듣고 있거나 슬퍼하지 말아야 한다는 것도 가르쳐야 한다.

방어하기: 우리 자녀들은 누구도 '나의 기분'을 망칠 권리가 없다는 사실을 분명히 알아야 한다. 그러나 일단 그런 일이 벌어지면 피해자라는 생각에 휩싸여 무기력해지거나 그저 '견뎌야 한다.'는 생각을 하지 않게 가르쳐야 한다. 우리는 아이들이 그런 사실을 깨닫도록 용기를 주어야 한다. 그래야만 아이들이 스스로 도움과 해결책을 찾고, 그런 일들이 반복되는 것을 피할 수 있다.

투명 가방

긍정적인 말에 관한 이야기

페드로와 마리아에게는 늘 행복한 에바 고모가 있어요.
고모의 얼굴에는 언제나 미소가 가득해요. 많이 웃고 늘 기분이 좋아 보여요.
그래서 페드로와 마리아는 고모와 함께 있는 걸 정말 좋아하지요.

어느 날 오후, 에바 고모는 아이들에게 조금 이상한 질문을 했어요….

"너희들 혹시 우리 머릿속에 투명 가방이 있다는 거 알고 있니?"

마리아와 페드로는 그 말을 듣자마자 웃음을 터뜨렸어요.

"투명 가방, 투명 가방…." 여러 번 말해 보았어요.

"등에 메는 것도 아니고 우리 머릿속에 가방이 있다니, 하하, 그런 가방을 어디다 써요?"

"그건, 물건을 넣지 **않는** 아주 특별한 가방이란다. 장난감도 안 넣고 옷이랑 책… 그런 건 하나도 안 넣는 거야." 고모가 설명해 주었어요.

"그 투명 가방 속에 가득 들어있는 건 바로
말이란다!"

"하지만 우리가 하는 말은 눈에 보이지 않잖아요." 페드로가 말했어요.
"맞아요, 투명 가방처럼 눈에 보이지 않는 걸요!" 마리아도 말했어요.

고모는 좀 더 자세히 설명해 주었어요.
"그렇지. 하지만 눈에 보이지 않는다고 이 세상에 없는 건 아니란다. 우리가 마시는 공기를 생각해 봐. 눈으로 볼 수는 없지만, 공기가 있다는 걸 알잖아. 이 투명 가방이나 말도 마찬가지야. 비록 우리 눈에는 안 보이지만, 분명히 우리 옆에 있단다. 게다가 말 속에는 놀라운 힘이 있어!"

"우리가 하는 **말**이 **긍정적**이면,

그 말들이 보글보글 **공기 방울**로 변한단다.
그래서 긍정적인 말을 하면 기분이 상쾌해지면서
마음이 가벼워지지.
우리 마음이 행복해지는 거야."

"근데 고모, **긍정적인** 말이 뭐예요?" 마리아가 물었어요.

"그건 예쁜 말, 즐거운 말, 사람들을 웃게 하고 슬며시 미소 짓게 하는 말, 우리 기분을 좋게 해 주는 말들이야."

"예를 들어 보자. 만일 네가 친구에게 '너, 그림 정말 잘 그린다. 너무 멋있어.'라고 예쁜 말을 해 주면, 너와 친구의 투명 가방 속에는 공기 방울이 가득해지는 거야. 그러면 너희 둘 다 기분이 좋아지지."

"반대로, 우리가 하는 **말**이 **부정적**이면,

그 말은 **돌덩이**로 변하게 돼.
부정적인 말은 아주 무겁고
기분을 안 좋게 만들거든.
그래서 우리 마음이 슬프거나 화나게 되는 거야."

"근데, **부정적인** 말이 뭐예요?"
이번에는 페드로가 물었어요.

"그건 미운 말이랑 욕, 나쁜 말처럼 우리 기분을 상하게
하는 말들이지."

"만일 네가 친구에게 '이 바보야.'라고 말하면, 너랑 친구의 투명 가방에는 아주아주 무거운 돌덩이들이 가득 차게 되는 거야.

미운 말은 다른 사람에게 상처를 주거든.
말은, 눈에 보이진 않아도 그 안에는 힘이 있단다."

"사람들이 너희에게 예쁜 말을 했을 때, 마치 너희를 꼭 안아 주는 것처럼 기분이 좋았던 적 있지? 그건 너희 가방에 **공기 방울**이 가득 차서 그래.

또, 사람들이 너희에게 미운 말을 했을 때, 마치 누가 발로 걸어찬 것처럼 아팠던 적이 있지? 그건 너희 가방에 **돌덩이**가 가득 차서 그래."

"긍정적인 말과 부정적인 말 중에 어떤 말을 할지는 너희가 결정하는 거야.
너희는 그 투명 가방에 무엇을 넣을 거니? 공기 방울이니 돌덩이니?"

"공기 방울이요! 공기 방울!" 둘 다 재빨리 대답했어요.

"그런데 다른 사람이 너희에게 미운 말을 하거나 나쁜 행동을 할 때도 있을 거야. 그러면 네 가방에 돌덩이가 가득해질 거고 기분이 **나빠질 텐데**, 그럴 때는 어떻게 해야 할지 궁금하지 않니?

첫째, 그럴 때는 가장 먼저 그 말을 **듣지 않도록** 해 봐. 특히 그런 미운 말은 절대 믿지도 마. 그런 말을 하는 사람에게 '듣고 싶지 않아.'
아니면, '안 들려, 네 말에 관심 없어.'라고 말해 봐.

둘째, 그 돌덩이들이 네 가방에 들어오지 못하게 뒤돌아서 그 자리를 **피해**!

셋째, 피해서 어디로 가냐고? 다른 친구를 찾거나, 다른 놀이를 찾거나, 아니면 더 재미있는 일을 찾아서 해 봐.

아무도 **너희** 가방에 돌을 넣지 못하게 하렴. 그게 가장 중요해.

하지만 이미 좋지 않은 일이 일어났거나, 다른 사람이 너희에게 미운 말이나 나쁜 행동을 했을 수도 있겠지. 그래서 네 가방에 돌덩이가 쌓이고 너무 무거워져서 기분이 안 좋다면….

그럴 때는 절대 **혼자서** 슬퍼하면 **안 돼**.

오랫동안 화난 상태로 있거나, 너희에게
아무 잘못도 하지 않은 사람에게
소리를 질러도 **안 되고**.

"그러면 우리 가방에 있는 돌덩이들은 어떻게 빼낼 수 있어요?" 둘이 함께 물었어요.

있었던 일을 다 말하는 거야!

그러면 돌덩이가 네 입에서 말로 변해서 나올 거야.

오늘 어떤 애가 저에게……… 라고 말해서 슬펐어요.

부정적인 말은 가방에 들어가서
돌덩이들로 변하잖아.
그런데 너희가 누군가에게
그날 기분 안 좋았던 일을 다 말하면,
그 돌덩이들이 다시 말로 변해서
가방 밖으로 나오는 거야.

그럼 누구한테 그 이야기를 하죠?

그건 너희 마음이야. 너희가 결정하는 거지. 엄마랑 아빠한테 말해도 되고, 선생님께 말해도 돼. 아니면 나한테 말해 줘도 되고. 너희가 편하게 말할 수 있는 사람에게 하면 돼. 어떤 일이 있었는지, 그리고 기분이 어땠는지 말하는 거야.

그러니까 너희 가방에 돌덩이가 많이 쌓이지 않도록 **도와줄 사람**을 찾는 게 아주 중요해.

마리아, 페드로. 너희는 **말**이 마술처럼 공기 방울이나 돌덩이로 변한다는 걸 절대 잊어선 안 돼. 이건 아주 중요한 거야.

만일 투명 가방에 공기 방울을 넣고 기분이 좋아지려면, 긍정적인 말을 하면 돼. 그리고 다른 사람이 너희 투명 가방 속에 돌덩이를 넣지 **못하게** 잘 막아야 하고. 하지만 이미 들어왔다면, 그걸 꺼낼 줄도 알아야겠지. 그 방법은 이제 알지? **있었던 일 다 말하기!**

너는 투명 가방 속에 뭘 넣을래? 공기 방울이니, 돌덩이니?

네 투명 가방 안에 무엇을 넣을 건지 **네가 직접 선택해.**

- 끝 -

2. 자기 사랑

전달할 개념

긍정적인 자존감: 아이의 올바른 성장에 꼭 필요한 핵심 개념이다. 자기 자신을 좋게 생각하는 것은 매우 중요하다. 아이들에게 **자기 자신을 자랑스럽게 여길 때** 얼마나 기분이 좋은지 알려 준다.

방어하기: 다른 사람 누구도 나의 기분을 망칠 권리가 없다는 것을 아이는 알아야 한다. 그리고 만일 그런 일이 벌어지면, 다시 그런 일이 반복되지 않도록 방어하는 법도 익혀야 한다.

하루를 마무리하는 법: 긍정적인 생각으로 잠자리에 드는 것이 중요하다는 것을 알려 준다.

올바른 자아상: 자녀들이 자신에 대해서 갖는 생각은 부모인 우리가 아이들에게 했던 말이나 행동에서 많은 영향을 받는다는 사실을 잊지 말자.

하늘만큼 땅만큼

자기 사랑에 관한 이야기

어느 비 내리는 오후였어요. 쌍둥이 남매, 마르타와 하비에르는 집에 있는 장난감을 다 꺼내서 놀다가 싫증이 났어요. 그래서 다른 재미있는 일이 없는지 엄마에게 물어보았어요.

"그러면 새로운 놀이를 하는 건 어때?" 엄마가 말했어요.
"좋아요, 좋아!" 둘은 크게 소리쳤어요. "근데, 무슨 놀이요?"
"바로 '**나는 ······가 좋아요**' 놀이지."
"그건 어떻게 하는 건데요?" 남매는 궁금해 하며 물었어요.

"너희가 좋아하는 모든 사람의 이름을 말하는 놀이야."

"좋아요!" 마르타가 소리쳤어요. "제가 먼저 시작할래요! 저는 엄마랑 아빠가 좋아요!"

"맞아, 맞아!" 하비에르도 소리쳤어요. "저도 엄마랑 아빠가 너무 좋아요!"

"나도!!" 엄마는 그들을 꼭 안아 주며 말했어요.

"엄마랑 아빠도 너희를 아주아주 많이 사랑한단다. **하늘만큼 땅만큼.**"

"또, 저는 페피 고모가 좋아요." 마르타가 또 다른 이름을 댔어요.
"음, 저는 사촌 키케랑 젬마 할머니가 좋아요." 하비에르가 이어서 대답했어요.
"그리고 마놀로 할아버지와 마르타 할머니도 좋아요."
아이들은 동시에 대답했어요.
그리고 강아지 있는 쪽을 가리키며 말했어요. "드레트도 좋아요."

"고모와 사촌, 할아버지, 할머니 모두 너희를 아주 많이 사랑하지.
그런데 너희들 아주아주 중요한 사람을 아직 말하지 않은 거 같은데?"

"**누구요? 누군데요?**" 마르타와 하비에르가 깜짝 놀라며 물었어요.

"바로 **너 마르타랑 하비에르지!**" 엄마는 아이들을 가리키며 큰 소리로 말했어요.

"너희는 모두 우리 집에서 아주아주 중요한 사람이야. 그러니까 너희가 다른 사람들을 사랑하듯이 너희를 사랑해 줘야 해."

"엄마, 내가 나를 어떻게 사랑해 주죠? 이렇게 내가 나를 안아 주는 건가요?" 하비에르가 웃으며 물었어요.

"맞아, 그렇게 하는 거야." 엄마가 대답했어요. "아주 세게, 꽉. 엄마를 안아 줄 때처럼 그렇게 너를 안아 주렴!"

"너희는 너희를 자주, 많이 안아 줘야 해. 아주 많이, **하늘만큼 땅만큼**.

그런데 그렇게 안아 주는 거 말고도 너희를 사랑해 주는 방법이 또 있단다."

"또 있어요? 어떻게요?" 마르타가 물었어요.

첫째:
너의 있는 모습 그대로를 사랑해 주렴.

우리는 모두 다르게 생겼지. 너희가 갈색 머리든 피부가 가무잡잡하든, 키가 크든 작든, 뚱뚱하든 말랐든, 그건 너희에게 가장 잘 어울리는 모습이란다. 세상에 너희랑 똑같이 생긴 사람은 아무도 없어. 그러니까 사랑할 수밖에 없지!

둘째:
몸을 잘 돌봐야 해. 너의 몸은 다른 누구의 것이 아닌, 바로 네 것이니까.

어떻게 돌봐야 하냐고? 목욕도 하고, 몸에 좋은 음식도 먹고, 양치도 잘하고, 밤에는 푹 쉬어야 해. 엄마 아빠는 너희를 많이 안아 주고 뽀뽀도 많이 해 줄 거야. 너희도 너희들 많이 안아 주고 뽀뽀해 주렴.
이 모든 게 다 몸을 **건강하게** 만들어 줄 거란다.

셋째:
너 자신을 자랑스러워하는 거야.

자랑스러워한다는 게 무슨 뜻일까? 그건 너희가 뭔가를 할 수 있어서 기분이 좋아지는 거야. 예를 들어 볼까? 하비에르, 너는 자전거를 탈 줄 알고 책도 잘 읽잖아. 그리고 마르타, 너는 그림을 잘 그리고 줄넘기도 아주 잘하지. 그럴 때 너희를 자랑스러워하는 거야.

또, 다른 사람들을 도와주거나 착한 일을 할 때도 자랑스러워해야 해.

마르타, 넌 어제 사촌 동생이 놀이터에서 그네에 앉는 걸 도와줬잖아.

하비에르, 너는 저번에 세르비가 자전거에서 넘어졌을 때 일으켜 줬던 거 기억나지?

이렇게 너희가 이런 일을 할 때 자랑스러워해야 해!

넷째:
이건 아주아주 중요해. 아무도 너희에게 나쁜 말을 하지 못하게 막는 거야!

"제가 놀이터에서 놀 때면, 가끔 어떤 애가 와서 저보고 바보라고 놀리거나 흉을 봐요. 그럴 때는 아주 슬프고 속상해요." 하비에르가 엄마에게 말했어요.

"맞아요. 엄마, 사라가 저한테 꼬맹이라서 아무것도 모른다고 놀린 적도 있어요." 마르타도 엄마에게 털어놓았어요.

"그럴 때는, 그런 나쁜 말이 큰 초록색 액체 괴물로 **변한다고** 생각해 봐.
으흐흐흐….

우리가 그런 나쁜 말을 듣고 슬퍼한다면, 그 **액체 괴물**이 바로 우리 머리 위로 쏟아지게 되는 거야….

하지만…."

"하지만, 그런 말 하는 사람에게 '됐어! 관심 없어! 듣고 싶지 않아!'라고 말하고 그 자리를 **떠나면**, 그 액체 괴물은 너희 머리 위가 아니라 **바닥으로** 떨어질 거야. 그러니까 그럴 때는 그 친구랑 함께 있지 말고, 즐겁게 지낼 수 있는 다른 친구를 찾아 봐. 그 액체 괴물이 머리 위로 쏟아지지 않도록 피해야 해. 그들에게 절대 너의 미소를 뺏겨서는 안 돼.

그 자리에 계속 남아서 액체 괴물이 머리 위로 쏟아지게 할지, 아니면 그 자리를 떠날지는 너희가 선택해야 해."

"저는 그 자리를 피할래요. 액체 괴물이 제 머리 위로 떨어지는 건 정말 싫어요." 하비에르가 대답했어요.

"저도 싫어요!" 마르타도 재빨리 말했어요.

5

다섯째:
마지막으로 이건 우리가 함께 할 수 있는 일이야.

매일 밤 잠자기 전에, 그날 있었던 기분 좋았거나
자랑스러웠던 일, 즐거웠던 일을 생각해 보는 거야.
하나하나 떠올려 보는 거지. 그러면 늘 행복한
기분으로 푹 잘 수 있게 될 거야.

그러니까 꼭 기억해. 너희를 사랑해 주는 것은
다른 사람을 사랑하는 것만큼이나 아주아주 중요하단 걸.

너를 많이 사랑해 주렴, 하늘만큼 땅만큼.

- 끝 -

3. 공감

전달할 개념

공감은 말이나 행동을 하기 전에 다른 사람의 입장에서 생각해 보는 것이다. '남에게 대접을 받고자 하는 대로 남을 대접하라.'는 **황금률**은 큰 힘을 발휘하게 하는 좋은 습관이다.

동전의 양면. 우리는 아이들이 남에게 상처를 입거나 고통을 겪지 않을까 걱정하며, 그러지 않길 바란다. 하지만 그만큼 중요한 일이 또 있다. 아이들이 다른 사람들에게 상처나 고통을 주지 않도록 하는 일이다. 놀림을 당하는 사람이 어떻게 느끼는지를 충분히 이해한다면, 남들이 하니 나도 그렇게 한다는 생각에서 함께 비웃거나 놀리는 행동을 결코 하지 않을 것이다. 뿐만 아니라, 다른 사람이 이런 행동을 하는 것을 목격하고도 왕따를 당할 두려움에 아무 말도 못 해서도 안 된다.

요술 신발

공감에 관한 이야기

애나와 마르티나는 아주 어릴 때부터 친구예요. 늘 장난감도 서로 나누어 갖고 재미있게 잘 놀았어요. 둘이 함께 있으면 언제나 웃음꽃이 가득했어요.

초등학생이 되어서도 여전히 함께 즐겁게 지내고 있죠.
같은 학교에 다니기 때문에 점심시간이 되면 운동장에서
함께 놀기도 하고요. 여전히 둘은 사이좋은 친구예요.

어느 날, 마르티나가 학교에 처음으로 안경을 쓰고 왔어요. 그런데 애나가 그 모습을 보고 웃기 시작했어요. 사실 마르티나는 아침에 안경을 쓰고 나오기가 싫었어요.
안경을 쓰는 게 어색했거든요. 학교에 가면 아이들이 뭐라고 할까 봐 걱정스러웠어요.
그런데 친한 친구인 애나가 자신을 보고 웃자 마르티나는 기분이 정말 안 좋았어요.

다음날, 마르티나는 아주 짧은 머리를 하고 학교에 왔어요.
엄마가 머리를 짧게 손질해 줬거든요. 이번에도 애나는 마르티나의 머리를 보자마자
웃음을 터뜨렸어요. 짧은 머리가 안 어울린다고 말하면서요.
마르티나는 마음이 너무 아파서 울고 싶었어요.
하지만 애나랑 사이가 나빠져서 놀지 못하게 될까 봐 아무 말도 못 했어요.

또 이런 일도 있었어요. 하루는 애나가 학교에 아주 예쁜 팔찌를 차고 왔어요.
다른 여자아이들도 똑같은 팔찌를 하고 왔어요. 마르티나는 그 팔찌가 너무 예뻐
보였어요. 그래서 애나에게 정말 맘에 든다고 말했죠. 그러자 애나는 비웃으며
'넌 팔찌가 없구나.'라고 말했어요. 그날 마르티나는 몹시 슬퍼하며 집으로 돌아왔어요.
둘은 친한 친구였지만, 애나는 계속 마르티나의 마음을 상하게 했어요.

수업 시간에 마르티나의 얼굴은 슬퍼 보였어요.
마르티나의 얼굴을 본 선생님은 모든 반 학생들에게 **공감**이라는
새로운 단어를 설명해 주기로 마음먹었어요.

공감은 애나와 마르티나가 처음 들어 보는 말이었어요. 선생님은 그 말의 뜻을 설명해 주셨어요. 다른 사람의 마음을 이해하고, 다른 사람의 입장과 바꿔서 생각해 보는 거라고 하셨죠. 하지만 애나와 마르티나는 그 말이 어렵고 복잡해서 제대로 이해하지 못했어요. 선생님은 둘 다 잘 이해할 수 있도록 **요술 신발** 놀이를 하자고 했어요.

"애나, 마르티나, 서로 신발을 바꿔 신어 보렴." 선생님이 말했어요. 그들은 그 말을 듣자마자 서로를 바라보며 웃음을 터뜨렸어요. 그러자 선생님은 다시 말했어요.
"어서, 신발을 바꿔 신어 보렴." 애나와 마르티나는 요술 신발 놀이가 뭔지 잘 몰랐지만, 선생님 말씀대로 신발을 바꾸었어요.

그런데 서로 신발을 바꿔 신자마자 이상한 일이 일어났어요. 갑자기 둘 다 발가락이 간질거리기 시작했어요. 그 다음엔 온 발이 간질거렸고, **온몸**이 다 이상해지는 것 같았어요.
수리수리 마수리 뾰로롱!

잠시 후 둘은 서로를 쳐다보았어요. 오! 신기하게도 둘의 모습이 바뀌어 있었어요!

애나는 마르티나처럼 짧은 머리에 안경을 쓰고 있었죠!
마르티나는 애나처럼 머리가 길어진 데다 안경도 없었어요!

선생님은 하루 동안 그 신발을 신고 다니면서 친구의 마음을 느껴 보라고 하셨어요.
그렇게 하면 공감이 무슨 뜻인지 이해할 수 있을 거라고 하셨죠.

그날, 운동장에서 놀다가, 애나는 같은 반 친구에게 다가갔어요.
그 친구는 안경 쓴 애나의 모습을 보자마자 웃기 시작했어요. 안경이 잘 어울리지 않고,
못생겨 보인다고 말했어요. 애나는 너무 슬퍼서 울고 싶었어요.

그날 점심시간에는 남자아이가 애나의 머리를 만지며
너무 짧아서 남자 같다며 웃었어요. 옆에 있던 다른 아이들도 같이 따라 웃었죠.
애나는 다시 울고 싶어졌어요.

집으로 돌아오는 길에 애나의 기분은 너무 안 좋았어요.
좋은 하루를 보내지 못했거든요. 친구들이 일부러 애나를 비웃거나
흉을 본 건 아닐 거라고 생각했어요.
그러다가 애나는 오늘 겪은 기분 나쁜 일들이 며칠 전에
자신이 마르티나에게 했던 것과 똑같다는 사실을 깨달았어요.

애나는 집으로 돌아오자마자 마르티나에게 전화를 걸었어요.
마르티나에게 꼭 사과하고 싶었거든요.
전에는 마르티나가 기분이 나쁠 거라는 생각을 하지 못했어요.

애나는 마르티나에게 진심으로 사과했어요. 그리고 앞으로는 말하기 전에 기분 나쁜 말인지 아닌지를 꼭 생각하겠다고 다짐했어요.
이렇게 애나가 **공감**이라는 말의 뜻을 이해한 순간, 다시 발가락부터 시작해서 **온몸**이 간질거리기 시작했어요. **수리수리 마수리 뾰로롱!**
드디어 애나는 긴 머리에 팔찌를 한 원래 모습으로 돌아왔어요.

다음 날, 애나와 마르티나는 수업 시간에 만나 서로 꼭 안아 주었어요.
앞으로는 자신의 모습과 다르다고 해서 비웃지 않겠다고
둘이 함께 약속했어요.

공감하는 것은 다른 사람과 입장을 바꿔서 생각하는 거야.
그러니까 '다른 사람의 신발을 신고 걷는 것'과 같지.

네가 다른 사람에게 받고 싶은 대로,
너도 다른 사람에게 대해 주어야 한다는 말, 잊지 마.

다른 사람에게 어떻게 할지는 **네가 직접 결정**해야 한다는 것도 꼭 기억해.

- 끝 -

4. 감사

전달할 개념

감사를 표현하는 것은 받은 것에 대한 보답일 뿐만 아니라, 예의 바른 사람이라는 증거이기도 하다. 누군가 나에게 친절하게 대해 주거나 선물을 주었을 때 바로 감사를 표현한다. 뿐만 아니라, 그것을 **소중히 여기는 습관**을 익혀야 한다. 아이들에게 다음의 상황에 감사하는 법을 가르쳐야 한다.

1. **주위 사람들에게 감사하기.** 나를 돌봐 주고 좋아해 주기 때문이다.

2. **좋은 일이 생길 때 감사하기.** 날이 화창해서, 또는 바닷가에서 즐겁게 놀 수 있어서, 비가 내려서, 웅덩이에 빠지지 않고 뛰어넘을 수 있어서, 공원에 가서 즐거운 오후를 보낼 수 있어서 감사할 수 있다. 이렇게 하면 일상생활에서 벌어지는 좋은 일들에 감사하는 습관이 생긴다.

3. **이미 가지고 있는 것에 감사하기.** 이미 가지고 있는 것에 감사하는 것, 그것들을 소중히 여기는 것은 긍정적인 사람이 되기 위한 기본 습관이다. 아이들은 보통 주변에 뭔가 새롭게 맘에 드는 것이 보이면 무조건 달라고 요구하지만, 그것들을 늘 가질 수 있는 건 아니라는 사실을 깨달아야 한다. 다음은 이런 감사에 대한 이야기이다.

행운의 요정

감사에 관한 이야기

마누엘의 집에 호르헤가 놀러 오면서 새 장난감 트럭을 들고 왔어요.

마누엘의 집에도 장난감 트럭이 있었어요. 하지만 호르헤 트럭보다 훨씬 작았고 우렁찬 소리도 나지 않았어요. 샘이 난 마누엘은 호르헤와 놀면서 화를 냈고, 엄마에게 똑같은 트럭을 사달라고 졸랐어요.

"이제 내 트럭으로는 놀고 싶지 않아. 별로 재미가 없어." 마누엘은 계속 떼를 썼어요.

다음날, 마누엘은 공원에서 친구 페페와 놀았어요. 이번에도 마누엘은 자기 트럭을 가지고 놀다가 재미없다며 싫증을 냈어요. 또다시 엄마에게 페페 것과 똑같은 비행기를 사달라고 졸랐어요.

마누엘은 자기 트럭을 가지고 노는 것도 싫고, 페페랑 노는 것도 싫었어요. 마누엘은 아무것도 가지고 놀고 싶지 않아서 오랫동안 팔짱을 낀 채 화만 냈어요.

그날 오후, 집으로 돌아오는 길에
마누엘은 엄마와 함께 가게에 들렀어요.
그곳에서 마누엘은 공룡 그림이 실린 잡지를 보았어요.

"엄마, 엄마! 나 저 공룡 갖고 싶어."

엄마는 아무 대답도 하지 않았어요.
왜냐하면, 이미 집에 공룡이 많았거든요.

하지만 마누엘은 집에 가지고 있는 것과 다른 공룡이라며,
계속 사달라고 졸랐어요.

"나, 저거 갖고 싶어!"

하지만 엄마는
마누엘이 아무리 졸라도
공룡을 사 주지 않았어요.

집에 장난감이 많았지만,
마누엘은 그 어떤 것도 가지고 **놀 마음이 나지 않았어요**.

팔짱을 낀 채로 앉아 화만 내고 있었죠.
그러면서 집에 없는 트럭과 비행기, 공룡만 생각했어요.

그때 갑자기, **행운의 요정**이 나타났어요.

"왜 너는 화만 내고 있니?" 요정이 마누엘에게 물어보았어요.

그는 요정을 보고 너무 놀라 대답했어요.

"난 호르헤 것과 **똑같은** 트럭이랑 페페 것과 똑같은 비행기, 그리고 가게에서 파는 새 공룡이 갖고 싶어요."

행운의 요정이 **말**했어요.

"지금 이 장난감을 처음 갖게 되었을 때 얼마나 좋아했는지 생각해 봐. 그때는 펄쩍펄쩍 뛰며 기뻐했잖니? 괜히 네가 가지지 못한 장난감 때문에 슬퍼할 필요가 **없어**."

하지만 마누엘은 듣고 싶지 않다며 계속 화를 냈어요.

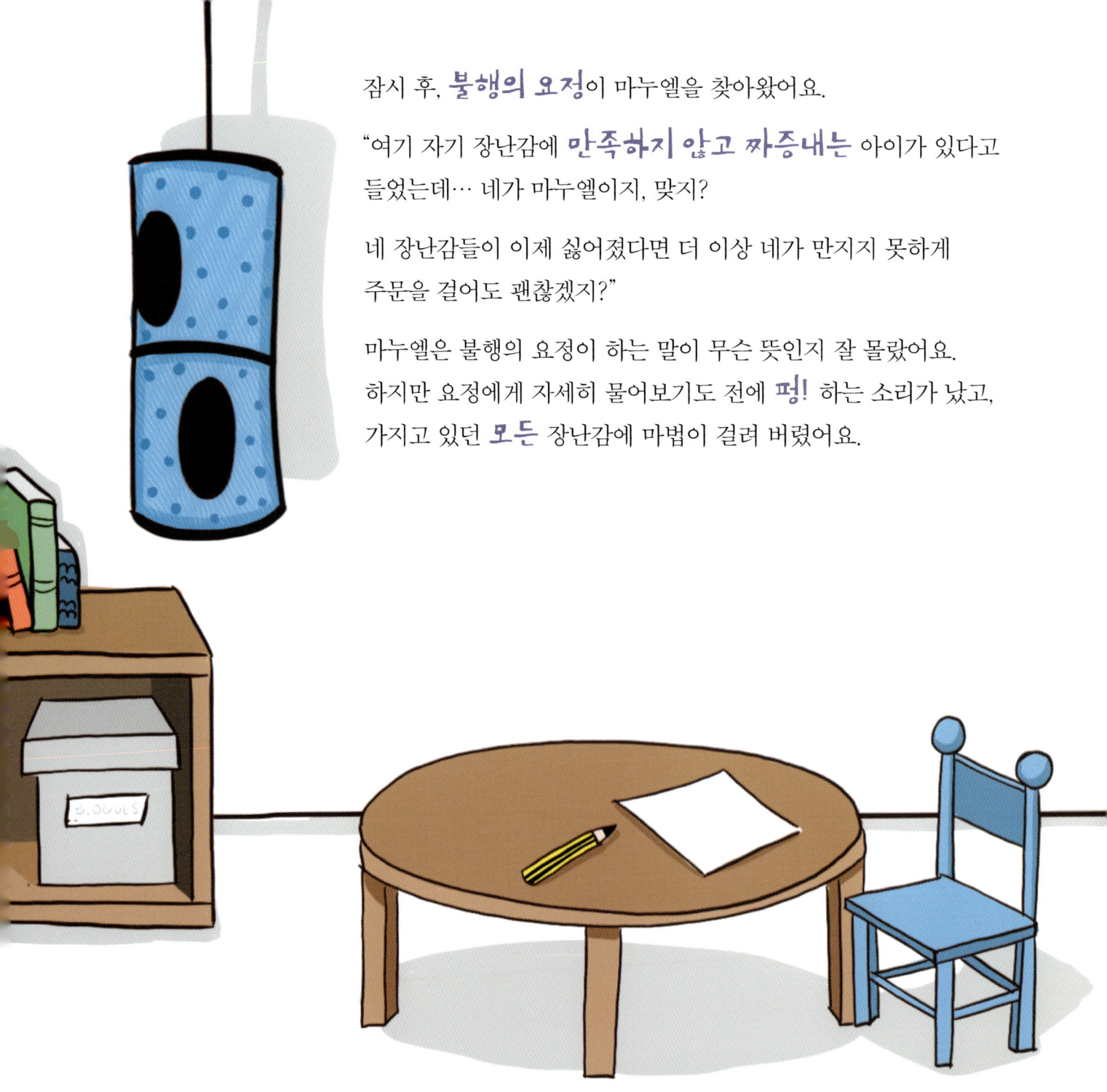

잠시 후, **불행의 요정**이 마누엘을 찾아왔어요.

"여기 자기 장난감에 **만족하지 않고 짜증내는** 아이가 있다고 들었는데… 네가 마누엘이지, 맞지?

네 장난감들이 이제 싫어졌다면 더 이상 네가 만지지 못하게 주문을 걸어도 괜찮겠지?"

마누엘은 불행의 요정이 하는 말이 무슨 뜻인지 잘 몰랐어요. 하지만 요정에게 자세히 물어보기도 전에 **펑!** 하는 소리가 났고, 가지고 있던 **모든** 장난감에 마법이 걸려 버렸어요.

"어, 잠깐, 잠깐만요!" 마누엘은 크게 소리를 쳤지만, 이미 너무 늦었어요. 마누엘은 도무지 믿을 수가 없었어요! 모든 장난감이 마법에 걸려서 만질 수도 없고 잡을 수도 없었거든요.
이제 마누엘은 **아무것도** 가지고 놀 수 없게 되었어요!

마누엘은 너무 슬펐어요. 그리고 자기가 가지고 있던 모든 장난감들을 다시 갖고 놀고 싶어졌죠.

마누엘의 울음소리를 듣고 다시 **행운의 요정**이 나타나서 물었어요.

"왜 울고 있니?"
"갑자기 불행의 요정이 나타나서 **펑!** 하고 내 모든 장난감에 마법을 걸었어요. 그래서 아무것도 가지고 놀 수가 없어요." 마누엘은 요정에게 대답했어요.

"네가 지금 가진 장난감은 놔두고 친구들 것에만 욕심을 부린다면 그건 장난감이 없는 거랑 똑같아." 요정은 마누엘에게 말했어요.
"새로운 걸 갖고 싶은 건 당연하지만, 그러지 못한다고 해서 짜증을 내는 건 좋지 않아. 지금 네가 가진 장난감에 만족할래, 아니면 없는 장난감 때문에 슬퍼만 할래? 네가 선택해. 어떻게 하겠니, 마누엘?"

"가지고 있는 장난감들에 만족할래요."

"그래 좋아. 네가 가진 장난감들도 소중하다는 걸 알았다면,
내가 불행의 요정이 걸어 놓은 마법을 풀어 줄게."

행운의 요정은 요술 지팡이를 흔들어
마법을 풀어 주었어요.

"마누엘, 꼭 기억하렴." **행운의 요정**이 떠나기 전에
말했어요. "새로운 것을 갖고 싶은 건 당연한 일이야.
하지만 **절대** 잊지 마. 이미 네가 가지고 있는 것도
정말 감사한 일이고, 큰 행운이란 걸."

마누엘은 지금 가진 장난감을 소중히 여기겠다고 **행운의 요정**과 약속했어요. 이 장난감들도 마누엘에게 큰 기쁨을 준다는 걸 깨달았거든요.

그날 밤, 마누엘은 침대 위에 트럭을 들고 올라갔어요. 비록 소리도 크게 안 나고 불도 안 들어왔지만, 가장 좋아하는 **내 트럭**이니까요!

넌 어떤 걸 고를 거니? 네가 가지고 있는 것에 만족할래, 아니면 너한테 없는 것들만 생각하며 슬퍼할래?

네가 직접 선택해.

- 끝 -

5. 자신감

전달할 개념

자기 자신을 믿는 자신감은 **태도**의 문제이다. 우리가 어려움을 어떻게 대하는가에 따라 그 결과는 크게 달라진다. 자신을 의심하는 대신, 노력한 만큼 결과를 얻을 수 있다고 생각하면, 어려움을 극복할 가능성이 더 커진다. 그 태도 또한 우리의 선택이다.

실패에 대한 두려움을 버리는 것도 중요하다. 뭔가를 할 때 한두 번 만에 원하는 결과가 나오지 않는 건 매우 정상이다. 원하는 결과를 얻지 못했다는 것은 그것을 할 수 없다는 뜻이 아니라, 얻기 위해 더 노력해야 한다는 뜻이다. 아이들은 아주 어렸을 때부터 '넘어지고 난 후'에 다시 일어나는 습관을 가져야 한다.

자녀들이 **자신감** 있게 '매일 만나는 작은 도전들'에 직접 맞서는 태도는 더 큰 도전들 앞에서 자신감을 얻기 위한 튼튼한 기초가 된다.

햇빛

자신감에 관한 이야기

미겔은 신발 끈을 묶는 게 늘 어려웠어요.
끈을 묶다 보면 엉망이 될 때가 많아요.
그래서 신발 끈을 묶다가 화도 여러 번
내고, 엄마에게 '난 못해, 할 수 없어.'라고
말하기도 해요.

사라는 자전거를 타다가 넘어지면
화를 내요. 사라도 '난 못해, 할 수 없어.'
라는 말을 많이 하죠.
자전거를 잘 타지 못해서 다시는 타고
싶지 않다고 아빠에게 투정을 부리기도
하고요.

미겔은 열심히 숙제를 해 보지만, 어려울 때가 많았어요. 그럴 때마다 화를 내며 '난 못해, 못하겠어.'라고 말해요.

사라는 농구를 하며 노는 걸 좋아해요. 하지만 늘 마음대로 되는 건 아니고, 공을 넣기 힘든 날도 있어요. 그럴 때면 슬퍼하며 농구 선생님께 '전 못해요, 할 수 없어요.'라고 말해요.

어느 날, 미겔은 책상에서 공부를 하다가 '난 못해, 할 수 없어.'라고 말했어요. 수학 문제를 푸는 게 너무 어려웠거든요. 그런데 그 말을 하자마자 갑자기 머리 위에 검은 구름이 나타나더니, 물방울이 떨어지기 시작했어요.

사라에게도 똑같은 일이 벌어졌어요. 줄넘기를 하다가 잘 안 돼서 '난 못해, 할 수 없어.'라고 말했거든요. 그 순간 갑자기 머리 위에 검은 구름이 나타났고, 물방울이 떨어지기 시작했어요.

사라와 미겔은 눈앞에서 벌어진 일을 도저히 믿을 수가 없었어요!

공원에 간 미겔은 친구 파블로처럼
구름사다리를 잘 건너고 싶었지만,
잘 되지 않았어요. 그래서 '난 못해,
할 수 없어.'라고 말했어요.
그 순간 또다시 검은 구름이
머리 위에 나타났어요!

사라는 그림을 잘 그리고 싶었지만,
잘 되지 않았어요. 그래서 '난 못해, 할 수 없어.'
라고 말하며 그리던 그림에 마구 줄을 긋기
시작했어요. 그 순간 머리 위에 또다시 검은
구름이 나타났어요.

미겔과 사라는 하던 일이 잘 안 돼서 '난 못해,
할 수 없어.'라고 말할 때마다, 머리 위에
검은 구름이 나타났어요!

그날 밤 미겔과 사라는 아주 특별한 꿈을 꾸었어요.

꿈속에 **해님**이 나타났어요. 해님은 '난 못해, 할 수 없어.'라고 말하지 말고 대신, **'그래, 난 할 수 있어.'**라고 말해 보라고 속삭였어요. 그러면 해님이 머리 위에 햇빛을 비춰 주겠다는 거였죠. 그 속에 특별한 힘이 있어서 뭐든지 잘하도록 도와줄 거라고 했어요.

해님은 모든 일이 한 번이나 두 번 만으로 잘 안 될 수도 있고, 심지어 며칠이 걸릴 수도 있을 거라고 했어요. 그래도 '그래, 난 할 수 있어, 할 수 있다고!'라고 스스로 말하며 계속 **시도해야** 한다고 했어요.

그렇게 **계속 시도하면, 해님**이 머리 위에 와서 잘할 수 있도록 햇빛을 비춰 줄 거래요. 머리 위에 **검은 구름**이 얼씬도 못 하게 말이죠.

다음 날 아침, 미겔은 형이 하는 요요를 해 보기로 했어요.
형이 할 때는 정말 쉬워 보였는데, 직접 해 보니까
요요가 위로 잘 올라오지 않았어요.

그 순간 미겔의 입에서 '난 못….' 하는 말이 튀어나왔어요.
하지만 꿈속에서 있었던 일들이 퍼뜩 생각났어요. 미겔은 '그래, 난 할 수 있어, 할 수 있어.'
라고 여러 번 말해 보았죠. 처음 할 때는 잘 안 됐고, 두 번째에도 요요가 마음대로 올라오지
않았어요. 미겔은 오랫동안 계속 연습을 했어요.

다시 할 때마다 **'그래, 난 할 수 있어.'** 라고 외쳤어요.
계속 연습을 한 끝에 드디어 요요가 위로 올라왔어요.
미겔은 마침내 요요를 잘할 수 있게 된 거예요!

미겔은 곧장 엄마에게 달려가서 이 일을 말했어요.

"엄마, 엄마, 이제 요요 어떻게 하는지 알아요!

'**난 못해, 할 수 없어.**'라는 말을 하지 않았더니,
머리 위에 검은 구름이 오지 않았어요.
그리고 해님이 와서 성공할 때까지
빛을 비춰 주며 저를 도와주었어요."

그 말을 들은 엄마는
미겔을 자랑스러워하며 꼭 껴안아 주었어요.

사라는 어린이날에 인라인스케이트를
선물로 받았어요. 처음 타는 거라서 타는 법을
배우기가 너무 두려웠어요.

오늘은 드디어 인라인스케이트를 타 보는 날이에요.
사라는 헬멧을 쓰고 무릎 보호대를 했어요.
먼저 아빠의 팔을 잡고 천천히 움직이기 시작했어요.
하지만 아빠의 팔을 놓으면 바로 넘어졌어요.
두 번, 세 번, 네 번….
아빠의 팔을 놓을 때마다 계속 넘어졌어요.

사라는 계속 넘어지면서 기운이 빠졌어요. 그래서 아빠에게 '저 **못** 하….'라고 말하려다가, 멈칫했어요. 왜냐하면, 꿈속에서 **해님**이 해 준 말이 기억났거든요. 사라는 대신 '**그래, 난 할 수 있어, 할 수 있다고.**'라고 했어요.

그렇게 말한 후에도 계속 넘어졌지만, 그래도 '**난 할 수 있어.**'라고 말했어요. 그리고 아홉 번을 넘어지고 열 번째 스케이트를 탔을 때, 마침내 혼자 몇 걸음을 걸어갈 수 있게 되었어요.

사라는 '아빠, 봤어요? 저 이제 **진짜로 탈 수 있어요.**'라고 말하며 아빠를 꼭 껴안았어요.

이제 사라와 미겔은 '**난 할 수 없어.**'라고 절대 말하지 않아요. 그렇게 말하면, 머리 위에 **검은 구름**이 몰려오고, 결코 해내지 못한다는 걸 알기 때문이에요! 반대로, '**그래, 할 수 있어.**'라고 말하면, **해님**이 마법이 들어있는 빛을 비춰 줘서 모든 일을 할 수 있게 된다는 것도 알았어요! 한 번에 안 될 때도 있고, 두 번, 세 번, 여러 번 해도 안 될 수 있어요. 다른 사람에게 도와달라고 해야 할 수도 있고요.
하지만 결국에는 그것을 **할 수 있게** 될 거예요!

그렇게 되면 **자신감이 불끈** 생기고 기분이 아주 좋아질 거예요!

너는 뭔가를 할 때, 어떤 방법을 선택할 거니?
머리 위에 검은 구름이 오는 걸 고를래, 아니면 해님이 빛을 비춰서 너를 도와주도록 하는 걸 고를래?
'**난 할 수 없어.**'라고 할래, 아니면 '**나는 할 수 있어.**'라고 말할래?
네가 직접 결정해.

- 끝 -

6. 분노 조절하기

전달할 개념

분노는 우리가 살면서 수없이 겪어야 하는 감정이다. 분노를 조절하는 방법이 바로 행복한 삶을 위한 열쇠이다. 분노는 두 가지 종류가 있다.

A. 일이 원하는 대로 되지 않았고, 우리가 그 상황을 바꿀 수 없을 때

상황이 여의치 않아서 벌어진 일을 되돌릴 수 없거나, 원하는 대로 할 수 없는 경우이다. 앞으로 할 이야기는 이런 종류의 분노를 다룬다.

B. 원하는 대로 일이 되지 않았지만, 우리가 그 상황을 바꿀 수 있을 때

이런 분노는 자신감이 부족해서 생기는 분노이다. (앞에서 다룬 햇빛 이야기 참고)

분노라는 감정 자체가 나쁜 건 아니다. 중요한 건 우리가 그 감정을 다루는 방법이다. 원하는 대로 일이 되지 않을 때, 그 일을 바꿀 수는 없어도, 그 분노에 반응하는 방법은 우리가 **직접 결정**할 수 있다.

빨간색 공

분노에 관한 이야기

우리에게는 종종 원하지 않는 일이 일어나요….

아이스크림을 먹다가 땅에 **떨어뜨릴 때**가 있어요.
이럴 때는 아무리 화를 내도 우리가 시간을 되돌리거나 바닥에 떨어진 아이스크림을 다시 주워 먹을 수가 없어요.

비가 많이 와서 야외 수영장에 **못 갈 때**도 있어요.
이럴 때는 우리가 아무리 화를 내도 비를 멈출 수는 없어요.

우리에게는 종종 원하지 않는 일이 일어나요….

우리가 받은 깜짝 선물이 **맘에 들지 않을 때**도 있어요.
선물 포장을 풀고 난 뒤에는 아무리 화를 내도 다른 선물로
바꿀 수 없어요.

가지고 놀던 풍선이 **터질 때**도 있어요. 아니면, 비눗방울 놀이를 하다가
비눗물이 **다 떨어질 때**도 있어요. 그렇지만 아무리 화를 내도 풍선을
원래대로 되돌리거나, 비눗방울을 더 만들 수는 없어요.

우리에게는 종종 원하지 않는 일이 일어나요….

우리가 **심심해질 때**가 있어요.
이럴 때는 아무리 화를 내도 금방 신나는 일이 생기지는 않아요.

슈퍼마켓에서 엄마가 사탕을 **사 주지 않을 때**도 있어요.
이럴 때, 우리가 아무리 화를 내도 엄마는 그걸 사 주지 않아요.

우리에게는 종종 원하지 않는 일이 일어나요….

우리는 하기 싫은 숙제를 해야 할 때가 있어요.
이럴 때, 우리가 아무리 화를 내도 숙제가 저절로 되지는 않아요.

한참 동안 차례를 **기다려야** 할 때도 있어요.
이럴 때, 아무리 화가 나도 남들과 똑같이 기다려야 해요.

화가 나는 건 절대 이상한 일이 아니에요. 우리 모두는 종종 화를 내요.

화는 마치 우리 가슴 안에 들어있는 **빨간색 공**과 같아요.
만일 우리가 오래 화를 내고 있으면, 이 빨간색 공이 점점 더 크게 부풀어 올라요.

계속 공이 커지고 있다면 우리는 마음이 초조해지지요. 그러면 다른 **해결 방법**을 찾을 수가 없어요.

그러면, 이 빨간색 공이 점점 커질 때 우리가 어떻게 하면 좋을까요?

숨을 크게 쉬어 보세요.

숨을 크게 쉬면 마음이 편안해지거든요.
계속 숨을 크게 쉬면 화가 사라지거든요.

계속 숨을 크게 쉬면 빨간색 공이 우리를 마음대로 조종하지 못해요.
오히려 우리가 그 공을 마음대로 조종할 수 있거든요.

어떻게 하냐고요?

우리가 숨을 크게 쉴 때마다, 빨간색 공의 색깔이 변하고 크기도 더 작아져요.

숨을 한 번 크게 쉬면 **빨간색** 공이 조금 작아지면서 **주황색**으로 변해요.
또 숨을 크게 쉬면, 공이 더 작아지면서 **노란색**으로 변할 거예요. 한 번 더 숨을 크게 쉬면 더 작아지면서 **초록색**이 되고, 그 다음에는 **파란색**으로 변하는 거예요.
아마도 다섯 번이나 여섯 번 크게 숨을 쉬면, 공이 아주아주 작아지고, **연보라색**으로 변할 거예요. 이 색은 우리의 마음을 편안하게 해 주는 색이지요.

그때는 화가 나지 않고 기분이 나아질 거예요.

무지개 색깔을 한번 생각해 보세요. 우리 마음속에 있던 빨간색 공은 크게 숨을 쉴 때마다 빨간색에서 점점 연보라색 쪽으로 움직여요. 그렇게 되면 훨씬 마음이 편안해지지요.

그런데 이렇게 숨을 크게 쉬는 일이 언제나 쉬운 건 아니에요. 가끔은 화가 아주 많이 나서 숨을 크게 쉬고 싶지 않을 때도 있거든요.

하지만 **마음이 편안해지는** 이 방법을 절대 **잊지 마세요.**
왜냐하면, 먼저 우리 마음이 편안해져야 다른 **해결 방법**을 찾을 수 있거든요.

다른 방법이란 게 뭐냐고요?

다른 방법은 처음에 우리가 원했던 바로 그 일은 아니에요.
그 대신 우리 기분을 좋게 해 주는 다른 일을 하는 거죠. 예를 들어,
그림 그리기나 카드 게임, 좋아하는 인형 안아 주기, 퍼즐 맞추기처럼 아주 좋아하는
일을 골라서 해 보는 거예요. 그건 우리가 **직접 선택**하면 돼요.

화가 나는 게 나쁜 건 아니에요. 누구든 화가 날 수 있어요.
하지만 우리가 화를 많이 내도, 원하는 대로 안 되거나 이미 일어난 일을
바꿀 수 없을 때가 많아요. 대신 우리가 마음속에 있는 빨간색 공을
어떻게 할지는 우리가 직접 선택할 수 있어요.

공이 더 커지도록 그냥 놔둘지,
아니면 크게 숨을 쉴지는 직접 결정할 수 있어요.

내 마음속에 있는 빨간색 공은
오직 나 자신만이 마음대로 바꿀 수 있거든요.

너는 어떻게 할 거니? 마음속에 빨간색 공을 오래 넣어 둘래,
아니면 더 기분 좋은 일을 찾을 수 있도록 숨을 크게 쉬고
편안한 마음을 가질래?

네가 직접 결정해.

- 끝 -

책을 마무리하면서….

1. 거울 효과

"자녀들이 우리 말을 듣지 않는다고 걱정하지 말고, 그들이 항상 우리를 지켜보고 있다는 걸 걱정하라."

로버트 풀검(Robert Fulghum: 미국의 목회자, 베스트셀러 작가)

자녀들은 우리의 **말**보다는 **행동**을 보고 더 많은 것을 배운다. 만일 자녀들이 현재와 미래에 행복하길 바란다면, 우리가 행복해하는 모습을 보여 주는 게 가장 중요하다.

얼마나 기분이 좋고 긍정적인지, 말할 때는 편안한 목소리로 긍정적인 말을 많이 하는지, 문제가 생겼을 때 어떻게 반응하는지, 어떻게 분노를 조절하는지, 얼마나 자주 웃는지…. 아이들은 이 모든 우리의 모습을 자세히 보고 배운다. **단, 명심해야 한다!** 우리가 늘 행복할 수는 없다. 우리는 로봇도 아니고 완벽한 존재도 아니다. 우리는 사람이기 때문에 자주 지치고 걱정하고 분노할 수 있다. 그러나 우리가 아이들에게 행복해지는 **선택**도 자신의 결정이라고 말해 준 것처럼, 우리도 가능한 한 **긍정적인 쪽으로 선택해야** 한다.

이 일이 쉽다고 말할 수 있는 사람은 단 한 명도 없다. 그러니 모두 힘을 내시길!

2. 지니의 요술램프

나는 아이들을 아주 많이 안아 주었다. 나는 이런 신체 접촉이 아이들뿐만 아니라 나에게도 아주 좋은 효과가 있다고 확신하기 때문이다.

하지만 아이들이 점점 걷고, 뛰고, 놀고, 스스로 행동하기 시작하면서 이 스킨십이 줄어들었다는 것을 깨달았다. 물론 지금도 여전히 아이들에게 뽀뽀를 하고 안아 주지만, 아주 어렸을 때보다는 확실히 줄어들었다. 그 이유는 아이들이나 내가 스킨십을 원하지 않거나 필요하지 않아서가 아니었다. 매일 하루하루가 바쁘게 돌아가기 때문이다.

나는 그런 생각을 하게 되면서 아이들을 품에 안고 지니의 요술램프처럼 등을 쓰다듬고, 뽀뽀와 포옹을 하면서 애정표현을 해 줄 기회들을 일부러 찾기 시작했다. 그러자 곧바로 변화가 나타났다. 관계는 더 좋아졌고 그런 순간들을 더 많이 즐길 수 있게 되었다.

때때로 아이들 중 누군가가 좀 '예민해지면', 남편과 나는 얼굴을 마주 보며 '램프를 더 많이 문질러야겠군.'이라고 말한다. **더 자주 사랑해 주고 관심을 가지며 애정표현을 해 주면**, 그 어떤 방법보다 훨씬 더 많은 것을 얻게 될 것이다.

3. 경청하기

아이의 자존감을 키워 주는 데 가장 중요한 일은 누군가 자신의 이야기를 잘 들어 준다는 느낌을 받게 하는 것이다. 아이들의 말을 들어 줄 때는 주의를 흐트러뜨리는 요소가 없어야 한다. 특히, 손에 휴대전화가 없어야 한다.

우리는 아이들이 우리의 질문에 곧장 대답하지 **않는다**며 자주 불평한다. 아이들에게 '오늘 학교에서는 어땠니? 무슨 일이 있었니?' 등의 질문을 할 때 그렇다. 그러나 어쩌면 그 순간 아이들은 그 질문이 맘에 안 들거나, 있었던 일을 말하고 싶지 않은 것일 수도 있다.

따라서 아이들이 말을 많이 할 때는 **하던 일을 멈추고 잘 들어 줘야 한다.** 아이들은 누군가 자신의 말을 경청한다는 걸 느끼면 마음이 편해져서, 별로 중요해 보이지 않은 아주 사소한 일들도 말하기 시작한다.

그 순간 그들의 진짜 걱정거리나, 힘든 일을 말하는 물꼬가 트인다. 집중해서 경청하는 이런 '연결' 순간이 없으면, 우리가 아무리 많은 질문을 해도, 아이들은 진짜 고민은 털어놓지 않을 것이다.

우리가 회의 중이거나 상사와 있을 때 종종 휴대전화를 꺼 두는 것처럼, 자녀들과 있을 때도 그들의 **말에 집중하기 위해** 잠시 그것을 꺼야 한다. 그냥 듣는 것과 경청은 다르기 때문이다.

4. 준비시키기

자녀가 태어나는 순간부터 우리 어머니와 할머니가 말했던 것처럼, 무조건적 사랑도 함께 태어난다. 아이들에게 불행한 일이 일어나는 걸 막을 수만 있다면 새끼손가락, 또는 그 어떤 손가락이라도 내어 줄 준비가 되어 있는 게 부모다.

하지만 살다 보면 아이들에게 어려운 순간이 다가오고, 그럴 때마다 늘 옆에서 도와줄 수는 없다. 어떤 때에는 아이들 곁에서 막아 줄 수가 **없다**. 그럼에도 그 순간들을 위해 미리 **준비시킬** 수는 있다.

앞에서 나눈 이야기들은 우리 자녀들이 긍정적인 습관을 키우도록 도와줄 것이다. 나아가, 앞으로 부딪히게 될 여러 문제를 가능한 한 더 나은 방법으로 해결하게 할 것이다. 또한 우리의 전폭적인 **지지**가 있다는 사실을 기억하며 **자신감을 가지고 긍정적으로** 맞서도록 할 것이다.

5. 네가 직접 결정해

아이들은 자신이 삶의 고삐를 쥐고 있고, 도전에 맞서는 방법도 스스로 결정해야 한다는 사실을 깨달아야 한다. 그래서 이야기 대부분이
'네가 직접 결정해.'라는 말로 끝난다.

앞으로 아이들은 어려움에 맞서는 태도를 직접 결정해야 한다.
오직 자신만이 긍정적인 사람이 될지, 아니면
부정적인 사람이 될지를 결정할 수 있기 때문이다.

네가 직접 결정해

네가 무엇을 말할지
네가 무엇을 생각할지
네가 무엇을 들을지
네가 무엇을 할지

"건강한 자존감은 인생의 도전들로부터
우리의 자녀를 보호할 갑옷이다."

어린이 건강정보 사이트 키즈헬스
(KidsHealth.org)

지은이 안나 모라토 가르시아 Anna Morató García

저자는 세 명의 아들딸들이 삶에서 긍정적인 면을 발견하도록 돕고 싶었다. 인생에서 만나게 될 어려운 상황들을 피하지 말고, 가능한 좋은 방법으로 해결할 수 있도록 지침을 제시하고 싶었다. 그래서 짧은 이야기와 자료들을 만들기 시작했고, 실제로 아이들에게 자주 들려주었다. 전하고 싶은 삶의 가치에 대해 고민하고, 효과적인 자료를 만들려고 수 년 간 수정과 보완을 거듭하였다. 그 결과가 이 책이다. 스페인에서의 반응은 예상 외로 폭발적이었다. 부모와 아이, 교사들이 다 함께 반겨 주었다. 2018년 5월 출간 이래, 지금까지 최상위 베스트셀러를 유지하고 있다. 저서로는 〈나는 커서 행복한 사람이 될 거야 1, 2〉 외에 〈아이와 함께 하는 첫 달〉, 〈오늘은 좋은 날이 되겠지〉가 있다.

그린이 에바 라미 Eva Rami

스페인 아스투리아스 출신의 일러스트레이터. 마드리드의 미술전문학교(ES-DIP)에서 일러스트를 전공했고, 바르셀로나 디자인스쿨(ESdesign)에서 석사를 했다. 8년간 초등교사로 언어교정 치료 및 수화통역 교육을 했다. 대화형 디지털 교과서를 만들기도 했다. 2017년부터 본격적으로 일러스트 세계로 발을 디뎌 다양한 작업을 시작했다.

옮긴이 김유경

멕시코 ITESM 대학과 스페인 카밀로호세셀라 대학에서 조직심리학을 공부했다. 통·번역가로 활동 중이며, 스페인어권 작품과 독자들이 더욱 자주 만났으면 하는 꿈을 갖고 있다. 번역한 책으로 〈행복의 편지〉, 〈세상을 버리기로 한 날 밤〉, 〈사랑에 빠지게 만드는 기술〉, 〈여기 용이 있다〉, 〈경이감을 느끼는 아이로 키우기〉, 〈카를로스 슬림〉, 〈가끔은, 상상〉, 〈꿈꾸는 교사, 세사르 보나의 교실 혁명〉, 〈동물들의 인간 심판〉, 〈어느 칠레 선생님의 물리학 산책〉 등이 있다.

나는 커서 행복한 사람이 될 거야

초판 1쇄 발행 2019년 3월 28일
초판 3쇄 발행 2023년 3월 10일

지은이   안나 모라토 가르시아
그린이   에바 라미
옮긴이   김유경
펴낸이   정성진
펴낸곳   (주)눈코입(천문장)
전화   031-913-0650
팩스   02-6455-0285
이메일   1000moonjang@naver.com
ISBN   979-11-90031-00-4 (73190)

• 값은 뒤표지에 있습니다.
• 파본은 구입하신 서점에서 교환해드립니다.

주의사항 : 책의 모서리가 날카로우니 주의하세요.
KC 마크는 이 제품이 공통안전기준에 적합하였음을 의미합니다.